Giovanna Magi

EILAT
und das Rote Meer

85 farbige Illustrationen

INHALT

Vorwort	Seite	3
CORAL WORLD	”	23
EIN NETAFIM	”	51
HAI BAR	”	47
KORALLENINSEL	”	37
ROTES CANYON	”	59
TIMNA	”	38

© Copyright 1991 by CASA EDITRICE BONECHI, Via Cairoli 18/b, Firenze - Italy — Telex 571323 CEB — Fax 55/576844 — Urheberrechtlich geschützt. Abdruck und Reproduktion, auch auszugsweise, untersagt — Gedruckt in der E.W.G. vom Centro Stampa Editoriale Bonechi — Übersetzung: Studio Comunicare, Firenze —

Die Fotos sind aus dem Casa Editrice Bonechi Archiv und wurden von Paolo Giambone gemacht.
Kilischee: La Fotolitografia, Firenze —

ISBN 88-7009-787-0

VORWORT

Ein schmaler Landstreifen nach unzähligen Kilometern Wüste, die goldfarbenen Berge der Sinai-Halbinsel, die schroffen Bergketten Jordaniens zur Linken, dann taucht urplözlich das unbeschreibliche Kobaltblau des Roten Meeres auf. An dem kleinen Küstenabschnitt am biblischen Meer, durch das Moses gezogen war, Jordanien im Osten und Ägypten im Westen, liegt Eilat, das in wenigen Jahren zu einem beliebten Urlaubsziel wurde. Eine Stadt, in der sich Erholung und Naturschönheiten mit den Ansprüchen modernster Hoteleinrichtungen vereinbaren lassen. Hier herrscht das ganze Jahr über eine konstante Wassertemperatur von 20 bis 25 Grad, denn das Rote Meer, das im Süden des Golfes von Akaba von zwei kleinen Inseln begrenzt wird, gleicht fast einem großen, sehr tiefen See; dazu kommt, daß der Zufluß minimaler Süßwassermengen und der auf die heißen Temperaturen zurückzuführende, hohe Verdunstungsgrad einen extrem hohen Salzgehalt des Wassers bewirkt, was das Schwimmen hier ungemein erleichtert.

Im Golf leben über tausend tropische Fischarten. Schon wenige unter der Wasseroberfläche staunt man über die unglaubliche Vielfalt der Farben und Formen dieser Fische, über die von den Korallenriffen gebildete irreale Meereslandschaft und das Wasser, das nirgendwo so kristallkar ist wie hier.

Die Natural Reserves Authority überwacht den gesamten Küstenstreifen: so ist das Sammeln von Muscheln oder Korallen untersagt, und auch andere sogenannte "Souvenirs" aus dem noch unberührten Meeresgrund dürfen nicht mitgenommen werden.

Im Golf von Akaba kann man jede Sportart betreiben, vom Sporttauchen bis Windsurf, von "Parasailing" (Fallschirmspringen über Wasser) zum Hochseefischen und "Scuba".

Und für alle, die keine Lust zum Schwimmen verspüren, sondern nur ruhen oder sonnenbaden möchten, bieten die bestens ausgestatteten, weißen Strände unter schattigen Palmen reichlich Gelegenheit.

Aber es locken noch andere Urlaubsvergnügen: unvergeßliche Ausflüge in die Wüste auf dem Rücken eines Kamels oder zu Pferd und interessante Foto-Safaris in das Naturschutzgebiet Hai Bar, wo noch "biblische" Tiere anzutreffen sind.

Und wer das Hotelleben bevorzugt, findet in Eilat neben Shopping vielerlei Abwechslung: Luxushotels, von tropischen Gärten umgebene Swimmingpools, ausgezeichnete Fischrestaurants, wo es immer frischen Fisch gibt, futuristische Diskotheken, modernste Geschäfte, wo man vom letzten Modeschrei bis zu wertvollem einheimischen Kunstgewerbe alles bekommen kann.

Alle diese Fremdenverkehrseinrichtungen, Touristen aus aller Welt zu Tausenden anlocken, wurden in wenigen Jahren aus dem Nichts geschaffen. Doch liegt der Ursprung von Eilat sehr weit zurück. Die Geschichte der Stadt beginnt vor etwa dreitausend Jahren, als sie noch Ezion-Geber hieß und die Söhne Israels auf ihrer Wanderschaft durch Sinai in Richtung Kadesh Barnea ihre Zelte in den Oasen Yotvata, Abrona und Ezion-Geber aufschlugen (". . . . Von Abrona brachen sie auf und schlugen ihr Lager in Ezion-Geber auf . . . . " - Numeri 33,35) und weiter (". . . . Wir zogen also weg aus dem Gebiet in der Nähe der Söhne Esaus, unserer Stammverwanten, die in Seïr wohnten, weg vom Weg durch die Araba, von Elat und Ezion-Geber. Wir wendeten uns und zogen den Weg zur Wüste Moab entlang." - Deuteronomium 2,8).

Unter der Regierung Salomos lesen wir zum ersten Mal von der Bedeutung, die dieser Ort als Handelshafen besaß: ". . . . König Salomo baute auch eine Flotte in Ezion-Geber, die bei Elat an der Küste des Schilfmeers in Edom liegt" (1 Kön 9,26). Die strategische Lage dieses Ortes, der das Tor nach Afrika und zum Fernen Osten darstellte, war von größter Wichtigkeit, denn hier zogen die mit Gewürzen aus Arabien vollbeladenen Karawanen vorbei, die zwischen Mesopotamien, Syrien und Ägypten verkehrten. Möglicherweise passierte die Königin von Saba diesen Hafen, als sie sich nach Jerusalem zu Salomo begab. Sicher ist jedenfalls, daß Salomo mit Hilfe seines Freundes, König Hiram von Phönizien, mit dem Holz aus dem Edom-Wald (das heutige Gebiet um Akaba) seine Schiffe baute. Diese phönizische Flotte, die mit Phöniziern bemannt war, lief alle drei Jahre aus, umfuhr die Küsten Afrikas und Arabiens und brachte aus den fernen Häfen Waren aller Art mit: Gold, Elfenbein, Sandelholz, Pfauenfedern, Affen . . . .

Der Hafen florierte auch unter den späteren Königen von Juda bis zu König Josaphat, der eine Expedition ausrüstete, um in dem sagenhaften Ofir Gold zu suchen, doch ". . . es kam nicht zur Fahrt, da die Schiffe in Ezion-Geber zerschellten" (1 Kön 22,49). Dieser Schiffbruch setzte der Geschichte des Seehandels von Israel zunächst ein Ende. Die Reste, die der amerikanische Archäologe Nelson Glueck zutage förderte, bezeugen dieses rege Handelstreiben: Nägel und Angelhaken, Gewichte für die Netze, Seile und Bauholz. Auch die Ruinen großer Lagerräume, wo die eintreffenden und abgehenden Waren vermutlich aufbewahrt wurden, sind ein sicherer Beweis für die Existenz dieser antiken Schiffswerften. Als ewiges Streitobjekt zwischen Israel und dem Land Edom wechselte Eilat im Laufe der folgenden Jahrhunderte viele Male den Herrn. Nach den Edomitern

Gesamtansicht der Lagune von Eilat mit den Hotelkomplexen und regem Bootsverkehr.

Am Fuß der Berge wuchsen die modernen Gebäude von Eilat aus dem Boden.

herrschten die Nabatäer, welche die Stadt in Aila umbenannten, dann kamen die Griechen und Römer, und nach den Römern die Byzantiner und Kreuzfahrer, die den Hafen bewehrten und auf der Koralleninsel eine Festung errichteten. In den vier Jahrhunderten der türkischen Besetzung büßte Eilat auch seinen Namen ein und geriet völlig in Vergessenheit.

In den Jahren des Britischen Mandats war Eilat nicht mehr als ein kleiner Polizeiposten names Umm Rash Rash, und die einzigen Bewohner bestanden aus einer Handvoll jordanischer Soldaten. Im März 1949 führten israelische Soldaten hier die sogenannte "Operation Uvda" durch. Bei der Blitzaktion fiel kein einziger Schuß, sogar die Fahne hatten sie vergessen.

Daraufhin nahm ein Isreali ein weißes Bettuch und malte mit einem Farbfläschchen das Symbol seines Landes, den Davidsstern, auf die improvisierte Fahne: ein Foto, das Geschichte machte!

Nach der Oktober-Kampagne 1956 begann sich die Stadt zu entwickeln. Im April 1958 wurde die Straße eingeweiht, die Eilat mit dem übrigen Israel verband, während tägliche Flüge die Verbindung mit den anderen Städten des Landes herstellten. Damals kamen in einer Woche oft fünfzigtausend Besucher nach Eilat, um zu sehen, was bisher niemand von ihnen zuvor gesehen hatte: das Rote Meer und einen Zipfel Land, das ihren Vorvätern gehört hatte.

Während man den Hafen ausbaute, wurden auch in Timna die Kupferbergwerke wieder geöffnet, und

Für die Touristen, die ihren Urlaub in Eilat verbringen, stehen komfortable Ausflugsschiffe bereit, die den stillen Golf befahren.

Auf den folgenden Seiten: das King Salomon Hotel, eines der renommiertesten Hotels in Eilat mit Swimmingpool unter schattigen Palmen.

An den Kais der Lagune verankerte Boote.

Auf den folgenden Seiten: der schöne Strand von Eilat estreckt sich am gleichnamigen Golf.

man baute die ersten großen Hotels. 1967 brachte eine weitere Wende in der Geschichte von Eilat: Mit dem siegreichen Sechstagekrieg im Juni 1967 ging die Kontrolle der gesamten Halbinsel Sinai an Israel über. Die 1970 gebaute moderne Autobahn verbindet Eilat mit dem an der äußersten Südspitze der Halbinsel gelegenen Sharm el Sheik, das von nun an Ophira hieß. Die ganze Küste wurde mit Strom und Wasser versorgt, und es entstanden neue Touristenzentren wie Neviot, Dizahow und andere. Die Touristen kamen zu Tausenden: was sie erwartete, waren kilometerlange, weiße und noch unberührte Strände, Wanderungen von der Küste mit einem kristallklaren Meer bis hinauf in die unwegsame wilde Berglandschaft der Sinai-Halbinsel, und endlich konnte man auch das Kloster der Hl. Katharina erreichen.

Im April 1982, nach dem Camp David-Abkommen, wurde Sinai wieder ägyptisches Schutzgebiet, und die Grenze verschob sich nach Tabah, etwa zehn Kilometer südlich von Eilat.

Panorama der Stadt und Strandbilder.

Auf den vorgehenden Seiten: ständiger Sonnenschein und das klare Wasser des Roten Meeres gehören zu den Hauptattraktionen von Eilat.

Auf den folgenden Seiten: wenn sich der Abend über die Küste senkt, gehen in Eilat Tausende von Lichtern an.

Geduldig warten die Kamele am Eingang des von Touristen stark frequentierten Coral World-Komplexes.

Auf den folgenden Seiten: der Eingang und einer der Pavillons, wo man das Ambiente des Korallenriffs im Roten Meer rekonstruierte.

CORAL WORLD

Sieben Kilometer südlich von Eilat befindet sich im Coral Beach Nature Reserve eine der Hauptattraktionen der Stadt: hier tauchen wir ein in die magische Unterseewelt und machen eine Reise in die Stille der Meeresgründe und das phantastische Reich des "Reef".

Der Coral World-Komplex wurde im März 1975 eingeweiht und im Laufe der Jahre ständig ausgebaut. Gegenwärtig umfaßt er einen im Mai 1982 eröffneten großen Rundbau mit einer Nachbildung des Korallenriffs, drei große Becken, in denen Haifische, Riesenschildkröten und Seeschildkröten Platz finden, ein Aquarium mit einem Meeresmuseum und ein großes Untersee-Observatorium, das bis viereinhalb Meter unter den Meeresspiegel reicht.

Das 1982 angefügte Haifischbecken faßt 800 Kubikmeter Wasser und wird ständig mit frischem Meerwasser versorgt. Durch vier große Fenster kann man die langsam im Becken hin- und herschwimmenden Haie auch von der Seite beobachten.

Hier kann man den "Carcharinus melanopterus" sehen, einen Haifisch mit schwarzen Punkten, der eine maximale Länge von einem Meter achtzig erreicht, den Stierkopfhai, der in großen Tiefen lebt, den Tigerhai, der Menschen sehr gefährlich werden kann und nicht selten bis sechs Meter lang wird. Das Becken enthält auch die "Chelonia Midas" oder grüne Seeschildkröte, die dreihundert Kilogramm wiegt, den großen Teufelsfisch, der auf dem Meeresgrund lebt, und den sogenannten "Aquila marina" oder "Stoasodon Marinari", der sich von Weichtieren ernährt. Das benachbarte runde Gebäude ist ein riesiges Aquarium mit 300.000 Liter Wasser, in dem die Korallenbank in allen Einzelheiten getreu nachgebildet ist. Durch zwölf große Fenster kann man die in der Nähe des Riffs lebenden Fische in all ihrer vielfältigen Pracht bewundern. So ziehen wie in einem Stummfilm die tropischen Fische mit ihren bizarren Formen

Einer der Wassertanks, die den gesamten Coral World-Komplex versorgen.

Auf der vorgehenden Seiten: schwärme von buntschillernden Tropenfischen tummeln sich in den großen Becken des Riffs.

Zwei Bilder des Untersee-Observatoriums mit der ins Meer hineingebauten Passage; durch große Bullaugen kann man die magische Welt der Koralleninsel beobachten.

und surrealen Farben vor den Augen der staunenden Besucher vorbei: der Seebader mit blauem Körper und sonnengelber Schwanzflosse; der kleine "Fridman", ein violetter Fisch von bescheidenen Ausmaßen mit metallenen Reflexen, benannt nach seinem Entdecker David Fridman, einer der höchsten Autoritäten für die Meeresfauna des Roten Meeres; der blau und gelb gestreifte Kaiserfisch, der Clownfisch, der, wie der Name besagt, einen drolligen Ausdruck zeigt, sowie alle Arten, die der Familie der Borstenzähner angehören, oder Schmetterlingsfische, die in den klaren Gewässern des Roten Meeres in großer Zahl vorkommen.

Die phantastische Unterseewelt setzt sich im Aquarium fort, wo über hundert Fischarten, Schwämme, Korallen und Hunderte von Invertebraten, alle aus dem Golf von Eilat, zu sehen sind.

Mit Hilfe eines "Natural Water Flow System" genannten Spezialsystems wird das Wasser direkt aus dem Meer in einen Tank gepumpt, aus dem es aufgrund der Schwerkraft austritt und die dreiundzwanzig Aquarien speist. Auf diese Weise fließt rund um die Uhr auf natürlichem Weg das Plankton ein, das diese Fischarten benötigen.

Hier kann man ganz bekannte Spezies sehen, wie das Seepferdchen oder giftige und tödliche Fische wie den Skorpionfisch, der auf dem Meeresboden liegt und sich im Sand tarnt, wo er auf seine Beute lauert; unter den Wirbellosen finden sich die wunderschönen Spongien mit ihren mannigfachen Formen, die sogenannten Seerosen, die einem Feuerwerk gleichen, und zahlreiche Korallenarten, von der Oktokoralle, auf der schneeweiße Blüten zu wachsen scheinen, bis zu den Gorgonacea, die sich wie Fächer sanft im Wasser wiegen.

Ein Stück weiter finden wir Krustentiere - Hummer und Krebse - sowie Mollusken, wie die australische "Tridacna elongata", die hier im Roten Meer bis zu 70 Zentimeter lang wird, das größte Weichtier, das wir kennen. Es folgen die Asteroidea oder Seesterne, die so schön und zerbrechlich anzusehen, aber sehr gefährlich sind: sie ernähren sich nämlich von Korallen und sind so gefräßig, daß sie eine ganze Korallenbank zerstören können. Die letzten Vitrinen des Aquariums befinden sich in dunklen Räumen, denn sie enthalten eine herrliche Sammlung mit flureszie-

Auf diesen und den folgenden Seiten: das kristallklare Wasser des Golfes von Eilat ist ein Paradies für Sporttaucher, die hier eine faszinierende mysteriöse Welt in der Tiefe entdecken.

renden Korallen, die nur bei völliger Dunkelheit sichtbar sind und wie Juwelen eines verborgenen Schatzes flimmern und glitzern.

Zum Schluß gelangt man durch eine 100 Meter lange Passage über dem Wasser in das Unterwasser-Observatorium. Da die Korallenbank sehr nahe an der Küste liegt, konnte man dieses Observatorium ganz in Strandnähe bauen. Die rund 100 Tonnen schwere Eisenkonstruktion liegt viereinhalb Meter unter dem Meeresspiegel. Durch die Kristallfenster können wir - diesmal die echte, nicht die nachgebildete - Korallenbank in all ihrer majestätischen Pracht bewundern. Das Wasser ist immer außergewöhnlich klar, bedingt durch den fast totalen Mangel an Regen, der die Bildung von Sandablagerungen verhindert und das Wachstum der Korallen fördert.

Die langen Außenrohre, mit denen die Struktur auf dem Meeresboden verankert ist, haben sich im Laufe der Jahre mit Algen und Wasserpflanzen überzogen. Die Fische zeigen offenbar keine Furcht mehr vor diesem seltsamen Gebilde, das in ihren Lebensraum eingedrungen ist, und schwimmen ruhig vor den Fenstern des Observatoriums hin und her, ahnungslose Akteure eines alltäglichen faszinierenden und mysteriösen Schauspiels.

Nachtaufnahme der Stadt im Lichterschein der Hotels.

Die Zinnenmauern der hoch über dem kobaltblauen Meer auf der Koralleninsel gelegenen Zitadelle der Kreuzfahrer.

KORALLENINSEL

Knapp eineinhalb Kilometer nach Tabah ragt wie durch einen Zauber aus dem kristallklaren Wasser des Golfes die vom Riff umgebene kleine Granitinsel empor, deren Profil durch den Zinnenkranz einer Kreuzfahrerburg gekennzeichnet wird. Die Araber nannten sie von jeher Jezirat el Faroun, das heißt Insel des Pharao, denn hier befand sich mit Sicherheit im 4. Jahrhundert v. Chr. eine ägyptische Niederlassung. Die Insel wurde mehrmals von Römern und Byzantinern befestigt, und die Kreuzfahrer bauten hier ein Kastell, von dem heute noch die Zinnenmauern zeugen. Der Kreuzritter Renaud de Châtillon, ein Rivale Josaphats, dessen Expedition nach Ofir vermutlich hier in See stach, ließ seine Schiffe auf Kamelrücken durch das Araba-Tal tragen, und von dieser Insel aus wollte er dann abfahren, um das heutige Arabien zu erobern.

DIE UMGEBUNG VON EILAT

Die einsame Landschaft des Naturparks Timna und eine typische Felsformation.

Auf der folgenden Seite, einer der Felsenriesen, die das Tal beherrschen.

TIMNA

Dreißig Kilometer nördlich von Eilat betreten wir den Timna-Park mit einer Ausdehnung von über sechzig Quadratkilometern am Rand der Talsenke des Wadi al Araba, die sich vom Toten Meer bis zum Golf von Eilat erstreckt.

Wir machen nun ohne Übertreibung einen Sprung von sechstausend Jahren zurück in die Vergangenheit: Timna ist das älteste Bergwergzentrum der Geschichte, und hier lagen die ersten, rationell ausgebeuteten Kupferbergwerke der Welt.

Alles in diesem Gebiet zeugt von den antiken Minen, die schon in der Bibel erwähnt werden: ".... ein Land, dessen Steine aus Eisen sind, aus dessen Bergen du Erz gewinnst" (Dtn 9,4) und von den Stämmen bewohnt waren, von denen gesagt wird, daß sie von dem mythischen Tubal-Kajin, ".... der die Geräte aller Erz- und Eisenhandwerker schmiedete" (Genesis 4,22), abstammen.

Die einstige Bergwerkindustrie ist noch heute an den großen Mengen grünlicher Schlacken abzulesen, die wir überall in diesem "Tal der Schmiede" finden, wo alten Chroniken zufolge bis zu 80.000 Bergmänner gearbeitet haben sollen.

Im 4. Jahrhundert v. Chr. errichteten die Pharaonen des Neuen Reiches hier eine solide und gutorganisierte Industrie für den Kupferabbau, indem sie einheimische Arbeiter unter ägyptischer Aufsicht beschäftigten. Um den Sklavenarbeitern jede Fluchtidee zu nehmen, hatten die Ägypter auf den Felsen rund um die Bergwerke kleine Festungen und Spähtürme gebaut.

Timna entwickelte sich zum bedeutendsten Zentrum der Kupferproduktion unter König Salomo, der als größter Exporteur dieses Erzes in der Antike galt und deshalb den Beinamen "großer Kupferkönig" trug. Die Kupferindustrie von Timna bildete denn auch die Grundlage für den immensen Reichtum des biblischen Königs, der hier das wertvolle Metall für die Kultgegenstände des Tempels von Jerusalem herstellte. Die Kupfergießer ließ Salomo aus Phönizien kommen: "König Salomo ließ Hiram aus Tyrus kommen. Dieser war der Sohn einer Witwe aus dem Stamm Naf-

Das Felsgestein im Tal zeugt von den ehemaligen Bergwerken, die schon zur Zeit der Ägypter genutzt wurden.

Zwei Ansichten der berümten ''Pilaster König Salomos''.

tali. Sein Vater war ein Bronzeschmied aus Tyrus. Er war mit Weisheit, Verstand und Geschick begabt, um jede Bronzearbeit auszuführen.'' (1 Kön 7, 13-14). Kupfer war auch ein kostbares Tauschmittel gegen Gold, Gewürze, Elfenbein und Ebenholz, die im Hafen von Ezion-Geber eintrafen. Salomo hatte diesen Hafen eigens bauen lassen, um seine Bergwerkindustrie zu fördern.

Wie der Archäologe Nelson Glueck schreibt, ''war die ganze Stadt Ezion-Geber praktisch ein großes Industriegebiet, einmalig in seiner Art in der gesamten Geschichte des antiken Orients . . . . . es war das Pittsburgh des Altertums''.

Den Beweis für seine Theorie fand Glueck in den Resten eines Hochofens mit in nord-südlicher Richtung verlaufenden Lüftungskanälen, durch welche die ewigen Winde des Araba-Tals bliesen: sie übernahmen die Funktion des Blasebalgs.

Die Kupferbergwerke waren zunächst unter den Römern und später unter den Nabatäern in Betrieb, danach blieben sie fast tausendachthundert Jahre ungenutzt, bis der moderne Staat Israel in den '50er Jahren unseres Jahrhunderts die neuen Bergwerke von Timna eröffnete, wo noch heute die ursprüngliche Ader ausgebeutet wird.

Je weiter wir in den Timna-Park hineingehen, desto mehr staunen wir über die unglaublichen und zahlreichen Formen, die die Natur hier hinterlassen hat, vor allem die berühmten **Pilaster König Salomos** (Ammude Shelomo). Die rund fünfzig Meter hohe, einzigartige Felsformation praktisch beinahe zum Symbol des ganzen Tals: sie besteht aus Sandstein und verschiedenen Oxyden, wie Eisenoxid, Magnesiumoxid und Kupferoxid. Die starke Erosion der Winde und das durchsickernde Wasser haben im Laufe der Jahrhunderte die oberen Gebirgszonen gespalten und der Landschaft dieses majestätische und surreale Aussehen verliehen.

Neben den Pilastern befinden sich die Reste des ägyptischen Tempels der Göttin Hathor, der vermutlich unter dem Pharao Sethos I. Ende des 14. Jahrhunderts v. Chr. erbaut wurde.

Hier im Tal findet man noch weitere Zeugnisse aus der Ägypterzeit, etwa die mit Axt und Schild bewaffneten ägyptischen Krieger, die auf den unweit entfernten Felsinschriften erscheinen und von der Höhe einer kleinen Eisentreppe sichtbar sind. Die Soldaten stehen auf Wagen, die von Ochsen gezogen werden. Eine weitere Inschrift stellt eine Schar Jäger dar, die mit Bogen, Pfeilen und Dolchen bewaffnet sind.

Auch die Natur hat den Fels mitgestaltet und ihm höchst bizarre und kuriose Formen verliehen, wie den großen Bogen und einen drei Meter hohen charakteristischen Pilz.

Nach einstündigem Spaziergang erreicht man die ehemaligen Bergwerkstollen, die tief in das Felsgestein gegraben sind, und die bis zu 37 Meter tiefen Schächte, von denen man in diesem Gebiet rund zehntausend fand.

Die Stollen erstrecken sich auf einem etwa drei Quadratkilometer großen Gelände; oft verlaufen sie auf zwei Ebenen, die durch in den Fels geschnittene Wendeltreppen miteinander verbunden sind. Das ganze Labyrinth läuft auf eine breite Mitteltreppe zu.

In dieser weiten Landschaft, in der die Farbe des rosa Sandsteins vorherrscht, liegt der vom Hebräischen Nationalfond geschaffene Timna-See: um den kleinen Wasserspiegel wurde ein Restaurant gebaut, und für die Zukunft sind auch ein Campingplatz und ein Touristenzetrum geplant.

Malerischer Blick auf den kleinen Timna-See, eine kühle Oase mitten in dem sonnigen Tal.

Eine charakteristische Felsformation in Timna ist dieser bizarre Bogen.

HAI BAR

Der Naturpark Hai Bar befindet sich im Araba-Tal, das in den '50er Jahren eine starke landwirtschaftliche Entwicklung erlebte und wo die beiden Kibbuze Yotvata und Eilot entstanden.

Im Rahmen des Araba Development Plan entdeckte man eine riesige Brackwasserschicht, die sich nicht weit unter dem Tal ausdehnte. Mit Hilfe des sogenannten ''Reverse Osmosis''-Systems wurde das Wasser geklärt und für die Bewässerung der Felder verwendet. Die besonderen Klimaverhältnisse im Tal (kein Frost und warme Winter) begünstigten den Anbau und die Produktion einer unglaublichen Vielfalt an Obst und Gemüse: Tomaten und Auberginen, Paprika und Gurken, Zwiebeln und Melonen. Bei vier Ernten pro Jahr wurde das ganze Tal zu einem großen Markt, der nicht nur Israel sondern auch Europa versorgte.

In diesem Tal liegt der Naturpark Hai Bar, dessen Name ''wildes Leben'' bedeutet und der 1961 mit der Absicht gegründet wurde, dem Land das einstige faunistische Erbe zurückzugeben. Von den in der Bibel erwähnten Tierarten sind zwölf ausgestorben. Andere haben überlebt und wurden in diesem Ambiente angesiedelt, wo der große Bestand an Akazien, einem typischen Steppenbaum, und üppige Weiden gute Voraussetzungen für die Vermehrung der Tiere waren.

Wer sich genau an die Hinweise und Vorschriften des Reservats hält (sich den Tieren nicht zu sehr nähern, sie nicht erschrecken oder necken) kann hier seltene Spezies, von denen einige sogar fast ausgestorben waren, in freier Wildbahn beobachten und fotografieren. Alle in diesem Wildpark lebenden Tiere kommen in der Bibel vor: etwa die anmutige Gazelle (Gazella dorcas), von jeher Symbol del Sanftmut und Schönheit; sie wird im Hohelied (2, 8-9) erwähnt, das zu den erhabensten Dichtungen der Bibel zählt: ''. . .Sieh da, er kommt. Er springt über die Berge, hüpft über die Hügel, der Gazelle gleicht mein Geliebter . . . .''

Daneben gibt es die Wildesel. In der Antike lebten im Mittleren Orient zwei Arten von Wildeseln: der Somali-Wildesel aus den Trockengebieten und der asiatische Wildesel aus der Savanne. Beide gab es bereits in biblischer Zeit, wenn von ihnen im Buch Hiob

Der Eingang zum Naturpark Hai Bar und einige Tiere, die hier in freier Wildbahn leben: neugierig betrachtet der Strauß den mit Touristen vollbesetzten Bus; einige Exemplare des Equus hemonius.

(39, 5-6) die Rede ist: "Wer hat das Maultier freigelassen, des Wildesels Fesseln, wer schloß sie auf? Ich gab ihm zur Behausung die Steppe, zu seiner Wohnung die salzige Trift". Der erste (Equus asinus) wurde lange Zeit als Transporttier gebraucht, ein Wüstenesel, der sich von den vereinzelt dort wachsenden Sträuchern ernährt: er stammt aus Afrika, und im Herbst 1972 wurden aus Äthiopien zirka 2000 Exemplare eingeführt. Der zweite ist der Equus hemionus, der früher in ganz Asien anzutreffen war, von der Mongolei bis zu den Hochebenen der Türkei. 1968 wurde er ins Reservat gebracht.

Ferner wurden hier Wildziegen (Capra ibex nubiana) angesiedelt, die auch auf den Felsplateaus um Ein Gedi vorkommen: "Die hohen Berge gehören dem Steinbock . . ." (Psalmen 104,18) und der elegante Strauß (Struthio camelus), der in den Klagen im Buch Jeremia Sinnbild für Grausamkeit ist (". . . die Tochter meines Volkes ist grausam wie der Strauß in der Wüste . . ."), denn dieses Tier brütet seine Eier nicht aus, sondern vergräbt sie unter dem Sand: tatsächlich ersetzt die Wüste die Wärme des Muttertiers. Ferner finden wir hier den arabischen Beisa (Oryx leucoryx), auf den der Wildpark besonders stolz ist, denn dieses herrliche Tier gehört einer Gattung an, die fast ausgestorben ist.

Im Profil gesehen hat man den Eindruck, daß sich die beiden wie Krummsäbel geformten Hörner völlig decken: vielleicht war das mythische Einhorn, das auch auf ägyptischen Gemälden überliefert ist, von dem man jedoch keine Spuren mehr findet, nichts anderes als ein arabischer Beisa.

Raubvögel im Wildpark Hai Bar.

Auf den folgenden Seiten: zwei Bilder des arabischen Beisa, auf den das Reservat besonders stolz ist, und ein Exemplar des Addax nasomaculatus.

Seite 52-53: Eine Gruppe arabischer Beisa unter einer mächtigen Akazie.

Am Fuß dieses Abgrundes sprudelt die Quelle Ein Netafim.

EIN NETAFIM

Die Umgebung von Eilat ist ungemein abwechslungsreich. Nach der Ruhe und Schönheit des Reservats mit seinen in freier Wildbahn lebenden Bewohnern erwartet uns nun eine völlig andere Welt.

Die Straße nach Ein Netafim verläuft auf dem ehemaligen Handelsweg, den die Gewürzhändler und Pilger benutzten, um nach Mecca zu gelangen. Zahlreiche Inschriften an den Wänden eines Canyons besagen, daß diese Straße auch von jüdischen Stämmen durchzogen wurde: Menora, Schofar und andere religiöse Symbole finden sich neben aramäischen, nabatäischen, hebräischen und griechischen Inschriften meist aus dem 1. Jahrhundert n. Chr.

Ein Netafim ist eine aus dem Fels entspringende Quelle, die einzige in der ganzen Gegend. Mit dem Auto kann man bis zum Rand eines Abgrundes fahren, wo der Blick über eine atemberaubende, wildzerklüftete Landschaft schweift, in der seit ewigen Zeiten nur der Wind und das Schweigen regieren. Von hier steigt

man auf einem deutlich in Grün markierten, schmalen Felspfad hinunter ins Tal.
Die Quelle liegt am Fuß der Schlucht. Die Araber nannten sie Ein El-Katar, was soviel wie "Quelle der Tropfen" bedeutet.
Hier erfrischen sich die herumziehenden Beduinen ebenso wie die Touristen auf ihren Ausflügen.

Die malerische Landschaft in der Umgebung von Ein Netafim.

*Eindrucksvolle Felsgebilde im Roten Canyon.
Auf den folgenden Seiten: Ein schmaler Pfad windet sich bis zum Talgrund des Canyon hinab.*

ROTES CANYON

Das Rote Canyon erreicht man auf einer Straße, die an der ägyptischen Grenze verläuft. Auch bei dieser Exkursion läßt man das Auto stehen und wagt sich zu Fuß weiter in eine phantastische farbige Welt. Die Natur manifestiert sich hier in bizarrer Gestalt. Wie von unsichtbarer Hand wurde das Kalkgestein modelliert, bis es die kuriosesten Formen annahm: zuweilen gleicht es einem Samtvorhang, der wie durch Zauberei versteinert wurde.

Atemberaubend wild und schön ist die Landschaft am Roten Canyon.

Der Pfad, dem wir folgen, ist nur knapp zwei Meter breit und 150 m lang, dicht an den Kalkwänden vorbei, die hier verschiedenfarbige parallele Streifen aufweisen: von Purpurrot bis Ockergelb, von Weiß bis Rosa. Oben erscheint ein Fetzen kobaltblauen Himmels.
Wenn wir am Ende des Canyons das breite Felsplateau erreichen, fühlen wir uns wie Eroberer, und unser Touristenausflug kommt uns wie ein richtiges Abenteuer vor.

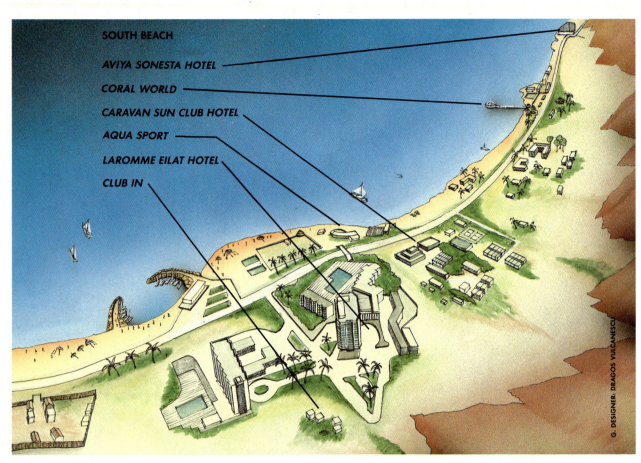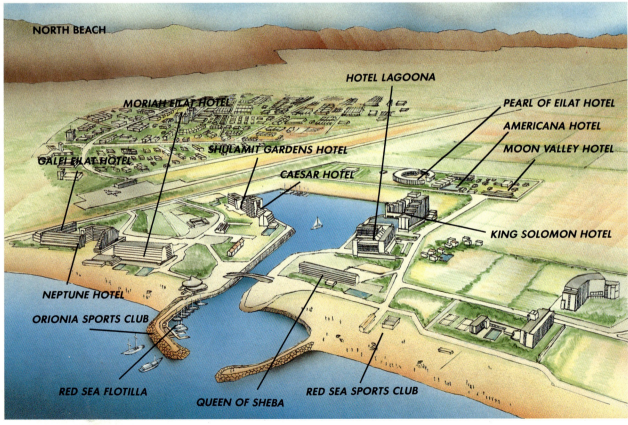